AU SEUIL DE LA TROISIÈME ANNÉE DE GUERRE

CONSIDÉRATIONS DE A. H. FRIED
ERNEST ZAHN, V. BENTZON
J. A. LOEFF, J. DE LOUTER, ELLEN KEY
SELMA LAGERLÖF, HAAKON LÖKEN

PUBLIÉES PAR LE GROUPE SUISSE
DE LA CONFÉRENCE DES NEUTRES

BERNE 1916

AU SEUIL DE LA TROISIÈME ANNÉE DE GUERRE

CONSIDÉRATIONS PUBLIÉES PAR LE GROUPE SUISSE DE LA CONFÉRENCE DES NEUTRES

BERNE 1916

IMPRIMERIE H. STOLZ, BERNE

TABLE DES MATIÈRES

Les Manifestations du 1er août en faveur de la Paix

organisées par la Conférence des Neutres de Stockholm.

La Conférence des Neutres de Stockholm *) saisit chaque occasion qui s'offre à elle de propager dans tous les pays les principes de la paix juste et durable qui devrait suivre et qui — nous en sommes convaincus — suivra cette abominable guerre.

A l'anniversaire de l'ouverture de la Première conférence de La Haye, le 18 mai 1916, elle organisait dans presque tous les pays neutres des conférences et des assemblées populaires qui adoptaient avec enthousiasme une résolution demandant l'élargissement de l'œuvre de La Haye et l'établissement de la Société des nations. Il n'est pas exagéré d'estimer à un millier le nombre des meetings qui eurent lieu alors en Scandinavie, en Suisse, en Hollande, en Amérique.

En Danemark cette propagande pour une organisation internationale basée sur le droit et l'équité fut poursuivie activement lors des fêtes de la mi-été, fort populaires là-bas.

Le deuxième anniversaire de l'ouverture des hostilités (1er août 1916) fut l'occasion d'une manifestation plus vaste encore et plus intense en faveur de l'idéal politique et économique que la Conférence des Neutres

*) Due à l'initative de M. Henry Ford, de Détroit, la Conférence inofficielle des Neutres est organisée actuellement en trois groupes: scandinave (Stockholm), hollandais (La Haye) et suisse (Berne). Secrétariat général à La Haye (Hôtel des Indes).

voudrait voir se réaliser après la guerre. Par la presse, par les assemblées, par l'église aussi, on s'est efforcé de faire pénétrer dans les masses la conviction absolue que la guerre est un nonsens et que dans une organisation juridique internationale seule réside le salut de l'Europe.

La plupart des autorités ecclésiastiques de la Suède, de la Norvège, du Danemark, de la Hollande recommandèrent expressément aux prêtres de traiter ce sujet dans leur sermon du premier dimanche d'août.

Une centaine d'articles de journaux et de revues, écrits par des auteurs compétents ou connus, tous convaincus de la nécessité de changer, après la guerre, l'ordre de choses actuel furent publiés, traduits, reproduits dans une dizaine de langues différentes et par des périodiques de toutes les nuances politiques et de tous les pays, aussi bien neutres que belligérants.*)

En Danemark, la résolution pour une conférence *officielle* des États neutres, l'intervention de ceux-ci en faveur de la paix, l'introduction de l'arbitrage obligatoire pour tous les conflits entre nations et la création d'un tribunal international permanent fut adoptée par des milliers de citoyens et de citoyennes réunis en 300 assemblées. En Norvège, cette même résolution fut votée dans un trentaines de meetings populaires; en Hollande également. En Suède, la requête qui fut présentée au roi et au Parlement, et qui se basait sur la résolution proposée par la Conférence des Neutres, avait été signée par 220,000 personnes.

* Nous réimprimons dans la présente brochure quelques-uns de ces articles.

En SUISSE.

En Suisse, la manifestation ne revêtit pas un caractère moins grandiose.

L'anniversaire de la déclaration de guerre de l'Allemagne à la Russie coïncidant dans notre pays avec la fête nationale, il était à prévoir que les orateurs parlant au peuple à cette occasion ne manqueraient pas de faire allusion à l'atroce conflagration qui ruine le monde et exprimeraient leur pitié et leurs sentiments de solidarité, avec ceux du peuple suisse tout entier, aux malheureuses nations souffrant de la guerre.

Mais il fallait faire mieux encore. Le 1er août était une occasion exceptionnelle de faire proclamer par le peuple suisse son désir ardent de voir enfin les massacres prendre fin et d'empêcher à l'avenir le retour d'une semblable catastrophe par l'établissement d'une organisation internationale assurant à toutes les nations, grandes ou petites, le droit à l'existence et à un libre développement économique.

Dans ce but, une circulaire fut adressée aux comités pour la célébration de la fête nationale, aux maires et aux pasteurs et curés du plus grand nombre des villes et villages de la Suisse. On lisait dans cette circulaire:

> «Si la plus terrible des guerres qui jamais affligèrent l'humanité devait durer jusqu'à l'épuisement complet des adversaires, l'Europe serait replongée dans un état de barbarie comparable à celui qui suivit l'effondrement de l'empire romain. Les populations décimées et appauvries verraient surgir une caste de millionnaires enrichis par la guerre et qui auraient tout intérêt à maintenir en permanence l'anarchie internationale actuelle, qui ne peut mener qu'à des guerres plus acharnées, si possible . . .

«L'humanité entière devrait donc se lever, crier sa volonté de voir cesser enfin ces massacres insensés et obliger ainsi les gouvernements neutres à intervenir auprès des belligérants . . .

«Nous nous adressons donc aux organisateurs et aux orateurs de la fête nationale du 1er août et les prions de saisir l'occasion qui leur est offerte ainsi de rappeler que nos sympathies vont à tous les peuples souffrants, d'affirmer la nécessité d'une entente entre les peuples dans le but d'instituer le droit international qui rendra les guerres entre États aussi parfaitement impossibles que le droit national le fait pour les guerres civiles, entre citoyens d'un même pays . . .

«Nous vous prions particulièrement de présenter la résolution ci-jointe à l'assemblée que vous présiderez et de la proposer au vote . . . ou alors, de la faire couvrir du plus grand nombre possible de signatures valables d'hommes et de femmes de votre commune et de la retourner avant le 15 août au secrétariat de la Conférence des Neutres.»

La résolution qui accompagnait cette circulaire avait la teneur suivante:

Considérant d'une part que le 1er août 1916 commencera la troisième année de l'horrible guerre qui désole l'humanité, couvre l'Europe de ses dévastations et menace d'entraîner tous les peuples dans son tourbillon;

Convaincus d'autre part qu'il est possible de régler pacifiquement tous les différents entre États par l'institution d'un tribunal et la création d'un droit international qui amènera le désarmement général;

Nous invitons les amis de l'humanité à redoubler d'efforts dans tous les pays afin que la paix qui sera conclue garantisse à chaque nation un libre développement politique et économique;

Et adressons aux gouvernements des pays neutres la prière instante de convoquer sans délai une Conférence officielle des États neutres qui serait chargée:

a) D'offrir, aussitôt que les circonstances le permettront, ses bons offices aux belligérants en faveur de la cessation des hostilités;

b) De réunir, immédiatement après, une Conférence générale de tous les États en vue de poser les premiers jalons d'un droit international et de fonder une organisation internationale basée sur le droit et l'équité et réprimant la force.

La manifestation ainsi proposée obtint en Suisse un succès inespéré. La plupart des grands périodiques et presque la totalité des petits journaux publièrent un appel qui leur fut remis par le secrétariat de la Conférence et des articles écrits dans notre ordre d'idées.

La résolution revint, dûment signée, de 879 communes se répartissant sur tout le territoire de la Confédération. Dans plus de 200 localités des signatures furent recueillies. Dans 227 cas, la résolution fut votée par l'assemblée municipale et signée en son nom par les autorités communales. Dans 131 autres cas, le conseil municipal signa en son nom ou au nom de la commune. Dans 256 autres localités, la résolution fut adoptée par l'une ou l'autre société; 46 pasteurs ou curés signèrent au nom de la paroisse consultée à l'occasion du service divin. Enfin, dans 156 localités, la résolution fut proposée à la population assemblée pour fêter le 1er août et signée par le comité de la fête après avoir été adoptée sans opposition.

Somme toute, la résolution de la Conférence des Neutres demandant l'intervention du Conseil fédéral en faveur de la paix et la convocation d'un congrès universel après la guerre a été adoptée en Suisse par environ 250,000 citoyens et citoyennes.

Nous ne surprendrons personne en disant que la grande part de ces signatures provenaient de la Suisse allemande. De nombreux correspondants de la Suisse romande assurèrent à la Conférence que ses efforts avaient leur entière sympathie mais que le moment ne leur semblait point propice. La conclusion de la paix n'était alors que dans l'intérêt des Puissances centrales ; il fallait attendre les résultats de la grande offensive des Alliés, alors en cours. L'un ou l'autre de ces correspondants demandait même que l'Allemagne fût châtiée avant tout. Il n'en est pas moins vrai que la résolution trouva pleine et entière approbation dans 125 communes de la Suisse romande et de la Suisse italienne.

La pétition qui fut ensuite adressée au Conseil fédéral s'appuyait donc sur l'opinion d'un quart de million de citoyens suisses demandant que nos hautes autorités prissent l'initiative du mouvement en faveur d'une paix juste, durable et prochaine. Ainsi que nous l'écrivait le comité d'une assemblée de paysans « c'est un devoir pour tous les Suisses de participer à cette action pour la reconstruction de l'avenir, que cette action soit couronnée de succès ou qu'elle reste vaine ».

La pétition adressée au Conseil fédéral avec le texte des résolutions adoptées et la longue liste des signatures, était, en substance, conçue comme suit :

BERNE, le 1er septembre 1916.

Au Conseil fédéral de la Confédération Suisse,

A la demande de 240,000 citoyens et citoyennes suisses domiciliés dans le pays, au nom desquels fut signée la résolution ci-jointe de la Conférence des Neutres de Stockholm, nous avons l'honneur d'adresser au Conseil fédéral l'instante prière de vouloir s'entendre au plus tôt avec les Gouvernements neutres afin de prendre l'initiative d'un mouvement qui tendrait à proposer aux belligérents un armistice et à mettre un terme à cette guerre atroce par une paix d'entente, la paix victorieuse ne pouvant être obtenue par aucun des partis en présence.

«Depuis deux ans, nous voyons avec tristesse la guerre anéantir des richesses incalculables, qui auraient permis de réaliser des réformes sociales et intellectuelles sans nombre; nous voyons avec douleur et effroi des contrées florissantes réduites en déserts, des œuvres inappréciables de l'art et de la civilisation transformées en ruines; le cœur déchiré, nous assistons à la destruction de millions de vies humaines, à la mutilation de millions de jeunes hommes sains et forts, au désespoir de millions de femmes et d'enfants privés de leur soutien.

«La situation militaire est actuellement telle qu'aucun des belligérants n'a encore réussi à remporter sur l'autre quelque avantage décisif.

«Un gain de quelques kilomètres carrés n'est obtenu qu'au prix de sacrifices cruels en hommes, en argent, en biens de toute sorte. De part et d'autre, les moyens de défense accumulés derrière les fronts depuis deux années de guerre sont tels qu'il semble impossible qu'une solution stratégique décisive puisse jamais être amenée.

«Les maux que cette guerre a occasionnés aux peuples et aux pays neutres, donneraient d'autre part aux gouvernements de ces derniers le *droit moral* à une médiation, si la Convention de La Haye sur le règlement à l'amiable des litiges entre États, ne leur en conférait pas le *droit formel.* De plus, les souffrances des peuples belligérants font de cette médiation un *droit inéluctable* auquel les Neutres doivent obéir dans l'intérêt même de l'humanité.

«Nous savons que les gouvernements neutres attendent, pour intervenir, le moment dit «psychologique», mais nous croyons que les démarches préparatoires doivent être entreprises dès maintenant et ce serait là, nous semble-t-il, la tâche particulière d'une Conférence officielle des Neutres.

«Nous pensons que c'est à la conclusion d'une paix *de raison*, que devraient tendre les efforts de cette conférence. Une paix de raison seule, en effet comportera les bases d'une organisation internationale équitable qui permettra d'espérer que de tels cataclysmes ne se reproduiront plus, et de réaliser enfin la limitation générale des armements.

«Si nous demandons la convocation d'une *Conférence officielle des Neutres*, c'est également dans la pensée que cette conférence pourra plus facilement qu'un État isolé, inviter les belligérants à suspendre les hostilités, quand bien même il y aurait à craindre qu'une première fois sa proposition ne soit déclinée.

«Quel soulagement, quelle allégresse dans le monde tout entier, si cette conférence parvenait à faire accepter un armistice! Les peuples béniraient à jamais ceux qui directement ou indirectement en seraient les auteurs!

«Mais la paix conclue, il y aura une nouvelle tâche à accomplir, plus élevée encore, celle d'empêcher le retour d'une catastrophe mondiale par l'institution d'un droit international. Les États devront former une Union, une Fédération ayant pour but de soumettre la vie internationale à des principes de droit semblables à ceux qui régissent la vie nationale, car il s'agira de procurer à l'humanité toute entière une *paix durable.*

«Messieurs les Conseillers fédéraux, le gouvernement qui prendra courageusement l'initiative des démarches et des mesures que nous proposons sera désigné un jour par l'Histoire comme le sauveur de l'Humanité. Puisse l'accomplissement de cette belle et noble tâche être réservée à la Confédération Helvétique!»

RÉPONSE DU CONSEIL FÉDÉRAL.

Le gouvernement de la Confédération suisse répondit à cette pétition et à d'autres qui lui avaient été adressées dans le même sens, par un rapport qui est

daté du 23 septembre 1916 et qui fut soumis aux Chambres fédérales. Le Conseil fédéral y exposait quelques considérations intéressantes :

« En tant qu'il s'agit dans ces pétitions du désir d'une prompte conclusion de la paix, le Conseil fédéral ne peut que déclarer derechef combien il comprend et partage ce besoin, que notre peuple, comme tous les peuples qui souffrent des misères de la guerre, manifeste, à mesure que se prolonge le conflit, de plus en plus énergiquement. Nous savons que l'Assemblée fédérale est pénétrée des mêmes sentiments et appelle de tout son cœur la fin de cette terrible guerre, qui anéantit les fruits de l'activité civilisatrice de générations entières. Comme vous, nous rendons hommage aux sentiments qui ont dicté ces pétitions adressées au Parlement et au Conseil fédéral. Mais nous doutons que la voie indiquée soit la bonne et ne croyons pas en tout cas l'heure venue de faire les démarches en question.

« Il est certain qu'aux termes de l'article 3, 2e alinéa, de la convention de La Haye pour le règlement pacifique des conflits internationaux, du 29 juillet 1899, les États neutres ont le droit d'offrir aux belligérants leurs bons offices ou la médiation, même pendant le cours des hostilités. Le même article dit en outre expressément que l'exercice de ce droit ne peut jamais être considéré par l'une ou l'autre des parties en litige comme un acte peu amical. Mais cela empêchera-t-il qu'étant donnée telle ou telle situation des belligérants, l'offre de médiation ne produise l'impression d'une immixtion importune ou ne soit même considérée comme un acte peu amical? Il n'y a pas de dispositions conventionnelles qui tiennent; ce ne sont pas des dispositions de ce genre qui règlent les sentiments et la façon de penser de ceux qui sont engagés dans une lutte à mort.

«Aussi n'est ce pas sans motif que la question d'une offre de médiation a été traitée par tous les gouvernements neutres avec la plus grande circonspection, et que les manifestations fougueuses en faveur d'une telle intervention ont été accueillies partout avec une extrême réserve.

«Considérant la perte de prestige national qui menacerait, en cas d'échec, le gouvernement qui agirait pour son propre compte, on a songé à une intervention collective des gouvernements neutres en vue de la paix. Mais on oublie que, pour qu'un congrès des États neutres puisse arriver à un résultat, il faudrait avant tout engager des négociations diplomatiques avec les gouvernements des principaux États belligérants pour créer la base d'un programme de paix. Or, il n'est que trop évident que, dans l'état actuel de la guerre, de pareilles négociations diplomatiques sont impossibles. Nous ne pouvons que redire ici ce que nous disions il y a peu de temps: aussi longtemps que dans les États belligérants eux-mêmes l'opinion publique ne se sera pas profondément modifiée et ne prévaudra pas, aussi longtemps qu'un tel revirement de l'opinion n'aura pas aplani les voies à l'activité des États neutres en faveur de la paix, il sera vain et même dangereux de provoquer la réunion d'une conférence des neutres. L'insuccès de ses tentatives de médiation nuirait bien plus gravement encore à la cause de la paix que l'échec d'un seul État, et représenterait un énorme recul de l'idée de paix. Nous sommes toujours d'avis qu'un échange intime de vues entre les gouvernements permettra bien mieux d'aboutir à un résultat positif que les discussions et les résolutions d'une conférence. Mais ce sera toujours la situation internationale, en particulier la situation des belligérants qui décidera du moment où l'activité médiatrice pourra entrer en jeu avec quelque chance de succès.

En ce qui concerne notamment la proposition de convoquer une Conférence générale des États (IIIe Conférence de La Haye) pour discuter une organisation légale internationale ayant pour but de régler les questions litigieuses dans les domaines territorial, économique et du droit des gens, nous devons déclarer qu'une telle tentative serait d'avance condamnée à l'insuccès. On peut être à peu près certain qu'aucun des États belligérants ne consentirait maintenant à envoyer des délégués à un pareil congrès. Sans doute, une des premières tâches des gouvernements de tous les États sera de travailler à la reconstitution du droit des gens, aujourd'hui ruiné, et de créer les bases d'une organisation internationale garantissant le règlement pacifique des conflits politiques et économiques internationaux. Mais cette tâche ne pourra être abordée qu'une fois les armes posées et la paix rétablie.

«C'est dans ce sens que nous vous prions de ne donner aux pétitions aucune suite directe, mais de les renvoyer au Conseil fédéral sans directions. Nous pouvons vous assurer derechef que nous nous efforcerons de rester en contact avec les autres gouvernements neutres, qui soupirent comme nous après la fin de la guerre, et que nous nous estimerons heureux de contribuer, dans une mesure si modeste que ce soit, à donner la paix au monde, qui la désire si ardemment.»

* * *

Voici, entre plusieurs, le jugement que, le 1er août 1916 («Berner Intelligenzblatt» de ce jour), *M. E. Berger,* membre des Académies de médecine de Turin et de Belgique, prononçait sur l'impression produite par les deux manifestations organisées par la Conférence des Neutres dans presque tous les pays neutres:

«De ces deux journées (18 mai et 1er août), la première rappelait aux peuples un jour de grands espoirs, qui se termina dans le deuil; la seconde un jour de deuil qui finit par de grands espoirs, car les hommes d'État eux-mêmes ont peu à peu acquis la ferme conviction que la guerre mondiale doit être suivie d'une paix durable. Ces deux manifestations, dues à l'initiative de la Conférence des Neutres, sont de haute importance pour nous: ce sont, depuis que la guerre fait rage, les seules manifestations qui aient été communes à un certain nombre de nations ; elles forment le témoignage évident que le sentiment de solidarité qui doit unir les membres de la société humaine n'est point encore éteint ».

A. S.

Déclaration de foi en un avenir meilleur.

En dehors des manifestations qu'elle organisa dans la première semaine d'août et des pétitions en faveur de la paix qui en furent la suite logique, la Conférence des Neutres présenta la déclaration suivante, qui parle d'elle-même, à la signature d'hommes éminents et de pacifistes de presque tous les pays du monde :

DÉCLARATION.

Il y a aujourd'hui deux ans que dure la guerre. A cette occasion, les soussignés, citoyens de pays neutres aussi bien que belligérants, tiennent à faire la déclaration suivante, témoignage de leur foi en un avenir meilleur.

En dépit de la haine provoquée par la guerre, nous croyons tous que la civilisation humaine ne se développera pas vers l'inimitié et la jalousie entre nations, mais bien vers la conciliation et la coopération.

Nous croyons en particulier à la coopération internationale en ce sens que les peuples empêcheront toute tentative de faire suivre cette guerre d'une guerre économique et qu'ils favoriseront au contraire le pacifique développement des forces économiques de toutes les nations.

Nous croyons à la conciliation en ce sens aussi qu'à l'avenir les peuples se refuseront à soutenir toute politique d'armements, qui engendre fatalement la défiance réciproque sinon l'inimitié.

Nous croyons que le droit et non la force doit être le facteur décisif dans la politique internationale. Nous savons que, même dans un avenir meilleur pénétré de cet esprit de conciliation et de coopération, les compétitions entre nations ne disparaîtront pas. Mais nous croyons fermement qu'il est possible de créer une organisation internationale à même de résoudre pacifiquement tous les conflits.

En ce jour de tristesse, nous tenons à constater qu'il n'y a pas lieu de désespérer, malgré l'affliction des temps présents. Le monde entier demande plus fortement que jamais la réalisation d'une organisation juridique de la Société des nations, sauvegardant la liberté et les droits de tous les peuples et écartant tous les obstacles à leur développement pacifique.

Et nous faisons nous-mêmes le vœu de travailler au triomphe de ces principes, chacun dans son pays, avec une nouvelle énergie, pour le bien futur de toute l'humanité.

Stockholm, 4 août 1916.

Suisse:

G. Ador, conseiller national, président du Comité international de la Croix-Rouge, *Genève.*

Dr *Amstein,* avocat, *Genève.*

Dr *Emile Berger,* membre correspondant des Académies de médecine de Belgique et de Turin, *Genève.*

Enrico Bignami, directeur de la revue « Cœnobium » et secrétaire de la « Ligue des Pays neutres », *Lugano.*

Bustany Effendi, *Lausanne.*

Dr *J. Ducommun,* médecin, *Berne.*

Dr *A. Forel,* ancien professeur à l'École polytechnique de Zurich, *Yvorne.*

Marguerite Gobat, secrétaire de l'Union mondiale de la femme, membre de la Conférence des Neutres, *Genève.*

Henri Guilbeaux, directeur de « demain », *Genève.*

Albert Locher, conseiller d'État et conseiller national, *Berne.*

C. Naine, conseiller national, *Lausanne.*

Dr *Quartier la Tente,* conseiller d'État, *Neuchâtel.*

Dr Theol. *Ernest Rochat,* professeur à l'Université, *Genève.*

Dr *A. Schenk,* professeur, membre de la Conférence des Neutres, *Berne.*

Dr *J. Baumann,* conseiller aux États, landammann, *Hérisau.*

Dr *Otto Borngraeber,* écrivain, *Ascona.*

Dr *Göttisheim,* conseiller national, membre de la Conférence des Neutres, *Bâle.*

O. Herold, président de la section suisse de l'Union mondiale pour l'œuvre amicale des Églises, *Winterthour.*

J. Hirter, conseiller national, *Berne.*

Mlle *Klara Honegger,* présidente de l'Alliance des sociétés féminines suisses, *Zurich.*

Dr *Albert Huber,* ancien président de tribunal, *Bâle.*

Alfred Knapp, rédacteur de la « Revue diplomatique et consulaire », *Zurich.*

Harald Marthaler, pasteur, *Berne.*

Dr *Meyer von Schauensee,* vice président de la Cour d'appel, *Lucerne.*

Carl Moor, député, *Berne.*

Dr *Müller-Hess,* recteur de l'Université, *Berne.*

Dr *E. Mützenberg-Escher,* médecin, *Spiez.*

Dr jur. *L. R. von Salis,* professeur de droit à l'Université, *Berne.*

Henri Scherrer, conseiller aux États, *St-Gall.*

J. Scherrer-Füllemann, conseiller national, membre de la Conférence des Neutres, *St-Gall.*

Robert Seidel, conseiller national, *Zurich.*

Arnold Sessler, ancien président de tribunal, *Berne.*

Dr *Eduard Stilgebauer,* écrivain, *Weggis.*

Dr *Studer,* conseiller national, membre de la Conférence des Neutres, *Winterthour.*

J. J. Tobler, conseiller d'État, *Hérisau.*

Dr *E. Trösch,* professeur, membre de la Conférence des Neutres, *Berne.*

Dr *Ferd. Vetter,* professeur à l'Université, *Berne.*

Erich Weinzinger, éditeur de la « Revue diplomatique et consulaire », *Zurich.*

Dr *Otto Wettstein,* conseiller aux États, *Zurich.*

Dr *Gertrude Woker,* privat dozent à l'Université, *Berne.*

Dr *E. Zürcher,* professeur, conseiller national, *Zurich.*

Mme *Walthard-Bertsch, Berne.*

Danemark:

Andersen, directeur de la Société de navigation d'Extrême Orient, *Copenhague.*

Bentzon, professeur de droit à l'Université de Copenhague.

Jensen, bourgmestre, *Copenhague.*

Jespersen, professeur à l'Université de Copenhague.

Möller, directeur du port, *Copenhague.*

Mme *Marie Lassen,* éditrice, *Aarlborg.*

Alfred Poulsen, recteur de l'Université populaire, *Copenhague.*

Henrik Pontoppiden, écrivain.

Andreasen, membre du Folketing.

Carl Torp, professeur de droit à l'Université de Copenhague.

(Suivent 20 signatures.)

Hollande :

Mme *van Biema,* présidente de l'Union nationale des femmes.

Dr *H. C. Dresselhuys,* député à la Seconde Chambre.

de Meester, ancien généralissime de l'armée hollandaise.

van Karnebeck, ministre d'État, ancien ministre des Affaires étrangères.

Kraus, sénateur, ancien ministre des Travaux publics.

Leenmanns, président du Synode ecclésiastique.

Loeff, ancien ministre de la justice, membre de la Seconde Chambre.

Vanloen, premier rabbin.

Savornin-Lohmann, ministre d'État, ancien ministre de l'Intérieur.

Staal, sénateur, ancien ministre de la guerre.

(Suivent 190 signatures.)

Norvège:

Berner, bourgmestre, *Christiania.*

Dietrichson, évêque, *Tromsö.*

Halfdan Koth, professeur de droit à l'Université de *Christiania.*

Mme *Louise Keilhau, Christiania.*

Stang Lund, ancien ministre, *Christiania.*

Kai Möller, président de la société «Pour le bien de la Norvège» *Thorsö.*

Magnus Nilssen, membre du Storting, *Christiania.*

Stöylen, évêque, *Christiania.*

Taranger, professeur de droit à l'Université de *Christiania.*

Otthelie Tonning, députée à la Chambre.

(Suivent plus de 30 signatures.)

Suède:

Hellberg, membre du Riksdag, *Karlstadt.*

Holmgren, professeur, directeur d'hôpital, *Stockholm.*

Ellen Key, écrivain, *Alvastra Strand.*

Selma Lagerlöf, écrivain, *Œstra Emtervik.*

Mansson, membre du Riksdag, *Göteborg.*

Petterson, bourgmestre, *Södertälje.*

Baron *Lage Staël von Holstein, Stockholm.*

Sven Scholander, compositeur, *Stockholm.*

Söderberg, recteur, *Stockholm.*

Wijk, négociant en gros, *Göteborg.*

(Suivent 70 signatures.)

Autres pays:

Les noms des signataires seront publiés plus tard.

A la veille d'une troisième campagne d'hiver

par A. H. FRIED (Berne)
Lauérat du Prix Nobel.

Le cours qu'ont pris les événements actuels a prouvé qu'il est plus aisé de commencer une guerre que d'y mettre fin. Les peuples – et sans doute aussi les gouvernements, – souhaitent avec ardeur le retour d'un ordre de choses régulier ; mais les difficultés à passer de la volonté au fait sont immenses. La seule consolation qui nous reste après cette effroyable lutte de plus de deux ans, c'est la leçon historique que, jusqu'ici, toute guerre a trouvé une fois son terme ; que, par conséquent, la guerre actuelle aussi fera un jour place à la paix. Mais cette consolation est mince, et ne procède que d'un jugement superficiel. Ce que cette guerre a de particulier, c'est justement que, dans son horreur, elle n'est comparable à aucun des conflits du passé. C'est que jamais encore la lutte n'a pris des proportions aussi monstrueuses ; c'est que jamais encore on n'a combattu avec des moyens de destruction aussi raffinés ; c'est que jamais aussi depuis qu'on écrit l'histoire, la civilisation n'avait été aussi avancée, et, partant, aussi sensible à éprouver les effets des troubles et des dévastations. La guerre, en effet, n'accumule pas seulement tant de ruines parce que les armes sont devenues si extrêmement nombreuses et si redoutables, mais parce que la sûreté et la stabilité sont plus nécessaires que jamais à l'organisation actuelle de la société humaine. La guerre, dans cette société, est vraiment un anachronisme et nous fait sentir les effets terribles d'une puissance opposée aux besoins et aux sentiments des temps présents.

Et c'est pour la même raison qu'on ne peut trouver d'issue à cette impasse. C'est pour ce motif aussi que nous assistons à la tragédie que représente la guerre poussée à sa dernière puissance. Elle devait être courte, et cette puissance lui donne une durée incommensurable. On ne peut pas trouver d'issue, parce qu'on sait parfaitement qu'il ne s'agit pas rien que de mettre fin à cette guerre, mais avant tout à l'état qu'on se plaît à appeler «paix» et qui, dans son insécurité, dans sa forme qui ne diffère de la guerre que par une nuance, peut replonger tous les jours l'humanité dans la même désastreuse folie. On demande la véritable paix, la paix durable qui épargnera au moins à nos descendants ce qui ne nous a pas été épargné. Et c'est parce qu'on essaye d'établir cette paix par un moyen impropre qu'on ne peut trouver d'issue. De même que le monde, pris de folie, a été précipité dans cette guerre qui, tel un abîme béant, aurait dû être vue si on l'avait voulu, de même, dans sa détresse, le monde cherche aujourd'hui à la guerre une issue où il ne peut en trouver. Jamais la paix ne sera rendue durable en prolongeant la guerre. Jamais le vainqueur ne pourra faire, aux dépens du vaincu, ce présent à l'humanité. Car toujours le vaincu tendra à infirmer la durabilité de cette paix par ses plans secrets de vengeance. C'est une vérité à la Palisse, cela. La violence ne vaudra jamais rien pour établir un état de paix véritable, ne serait-ce que pour la raison que l'armement moderne, s'il est appliqué sans limites, ne produira jamais que l'anéantissement de tous, et point de vainqueur. Si l'on continue la guerre dans l'espoir idéal mais enfantin qu'il en résultera la paix durable, on n'atteindra que ce seul but: la paix du cimetière dans les pays qui furent les foyers de la civilisation européenne.

La paix durable ne peut être établie que par une entente pacifique. Elle ne peut devenir le patrimoine de l'humanité suppliante que par un compromis de la raison et non par l'emploi d'explosifs toujours plus parfaits ou de poisons chimiques toujours plus actifs. Mais au moment où les peuples de l'Europe se résignent à subir la troisième campagne d'hiver, les autorités compétentes des pays belligérents n'ont pas encore su reconnaître la vérité de ce principe. Elles ont encore foi dans l'efficacité de moyens inefficaces.

Les pacifistes ont prévu le dilemme dans lequel se débattent aujourd'hui les peuples européens. C'est pourquoi ils sont considéré que leur unique tâche était de faire éviter les guerres et de les prévenir, car ils ont reconnu les difficultés qu'il y a toujours à leur faire prendre fin. Non la thérapie, mais la prophylaxie de la guerre, voilà la doctrine des pacifistes et le but de leurs efforts. On ne les a pas compris. On leur a opposé les plus pauvres arguments: il y a toujours eu des guerres, donc, — quelle logique stupide! — il y en aura toujours! On répétait sans se rendre compte du blasphème qu'on commettait, le vieux mot, banalisé jusqu'au dégoût, d'un Moltke élevant la guerre au rang d'élément d'ordre universel créé par Dieu. Un général victorieux n'est pas nécessairement un philosophe raisonnant selon le lois de la logique. Et celui qui, avec Moltke, croit encore à l'institution divine de la guerre a l'occasion de perdre sa foi au récit des batailles de la Somme, de Verdun, du Karst et autres enfers de meurtre dont les noms sont inoubliables.

Aujourd'hui, cependant, on commence à comprendre les pacifistes. Et quand, d'une façon ou d'une autre, la catastrophe sera passée, les hommes qui lui auront survécu consacreront leurs principaux efforts à la prophylaxie de la guerre. Les arguments des adversaires se seront perdus dans le sang et la boue des batailles actuelles. On se souviendra alors du travail des pacifistes, et c'est de leurs propositions et de leurs idées qu'on assurera le rempart élevé définitivement contre la guerre. On sera étonné alors d'apprendre combien de moyens ces hommes ont préconisés de tout temps pour éviter la guerre et combien il eût été facile de les utiliser avec succès.

La solution est si simple. Comment l'a-t-on pu ignorer si longtemps ? Des sociétés et des communautés se rencontrent en nombre indéfini dans la vie de tous les jours. De la famille à l'État, toutes sont établies sur les fermes fondements du droit. Leur existence, la possibilité de leur fonctionnement, les bienfaits de leurs effets, tout est la résultante de cette formule : Sans droit, point de communauté ! Et sans droit, point d'humanité non plus ! Où les relations entre êtres vivants ne sont basées que sur la violence, où le plus fort a le dernier mot, il n'y a pas d'hommes, il n'y a que des brutes. En dépit de notre face humaine, nous ne sommes actuellement pas encore hommes dans nos relations internationales. Dans ce domaine c'est la brute qui règne encore, la brute qui dominait dans la vie des hommes préhistoriques des cavernes. La frontière humaine doit être étendue ; elle doit dépasser l'État d'aujourd'hui. Nous devons devenir hommes là aussi où la nationalité et l'État cherchent à nous empêcher de l'être. Et nous ne pouvons y parvenir qu'en étendant le règne du droit plus loin que les frontières de notre État.

Dans les relations internationales, le droit, jusqu'ici, n'a servi que de précieux décor et non d'instrument. La guerre changera cela. Après avoir vu ce que le règne de l'arbitraire a valu à l'humanité de ruines et de misères, on ne pourra plus maintenir l'état d'anarchie dans lequel nous avons vécu. On reconnaîtra alors que si les relations internationales sont fondées sur les solides bases du droit, ce n'est point par l'effet d'un sentimental amour du prochain, mais bien plutôt par l'effet d'un égoïsme bien entendu. La conception de l'État universellement souverain, qui ne reconnaît aucun engagement de droit contraire à ses intérêts, recevra alors un coup terrible. On aura vu et calculé ce que cette prétentieuse et moyenâgeuse conception aura coûté en valeurs humaines. Et le principe établi par les pacifistes : Céder une part de sa propre puissance en échange des obligations d'autrui, servira de fondement à la future organisation internationale de droit.

Berne, novembre 1916.

(Traduit de l'allemand par A. Schenk.)

A propos d'une nouvelle campagne d'hiver

par ERNEST ZAHN (Göschenen).

En ce jour où commence une nouvelle année de guerre, mon cœur se fait l'écho du douloureux désespoir qui retentit en Europe. Il me semble que je ressens en moi, infiniment petit, l'effroi des centaines de milliers d'êtres humains qui tremblent devant les incessantes batailles dépouillant l'Europe de la fleur de ses hommes, et devant les querelles qui feront des peuples européens des peuples de mendiants. Il ne m'appartient pas de juger qui a tort ou qui a raison dans cette guerre. Je sais que pour un grand nombre, elle est une guerre sacrée, et j'honore les efforts surhumains de tous ceux qui défendent leur patrie ; mais je crois que l'épouvante des personnes innombrables qui voient la guerre devenir la ruine de l'Europe devrait se soulever comme une mer démontée et submerger la volonté de vaincre et même l'obstination sacrée des peuples combattant pour leur droit. Je reconnais bien que, ni pour un individu ni pour un gouvernement en particulier, le moment n'est venu d'offrir sa médiation aux belligérants. Mais il me semble que l'heure a sonné où les nations neutres doivent s'unir afin de faire entendre l'avertissement pressant et unanime qui permettra aux peuples belligérants d'écouter les vœux de paix secrets qu'ils forment eux-mêmes et qui peuvent être réalisés sans porter atteinte à leur honneur. Une trêve des armes conclue à la fin de l'automne, une trêve qui reconnaîtrait les mêmes droits à tous et supprimerait les blocades et autres moyens de contrainte semblables, permettrait d'entamer des pourparlers et faciliterait la conclusion de la paix. Faire reconnaître cela aux belligérants me paraît la tâche pressante et sublime de l'union de toutes les nations qui ne participent pas à la guerre et qui ont conscience de l'incommensurable misère des temps présents.

1er Août 1916.

Le Droit à la place de la Force

par V. BENTZON

Professeur de droit à l'Université de Copenhague.

Les voix sont faibles encore qui s'élèvent pour sauver de la perdition le prestige de la race blanche, la guerre une fois terminée. Le travail de réédification qui nous attend est énorme; car il devra s'étendre à toutes les manifestations humaines. Le point le plus important sera toutefois le réveil de l'idée de droit et le rétablissement de sa domination absolue.

La guerre est synonyme de force mise à la place du droit. La guerre est désordre, maladie dans l'organisme du genre humain. La prédominance du droit, au contraire, est ordre et condition d'un organisme sain. Depuis longtemps, c'est vérité reconnue pour la vie dans le cadre d'un État particulier. Avant la guerre, il n'avait été fait qu'une faible tentative de réunir les États en une communauté vivant sous l'égide d'une organisation internationale et cette communauté ne s'étendait même qu'aux États soi-disant civilisés.

Les manifestations pacifistes qui ont eu lieu dans les pays neutres à l'occasion du deuxième anniversaire de la guerre, ont proclamé avec raison que la paix durable à venir devra être fondée sur une organisation juridique créée et reconnue par tous les États, sur une organisation qui dépasse les vœux de tout État particulier, que ces vœux soient aussi ardents et l'État même aussi puissant que possible.

Il se peut que le désir de voir tous les peuples de la terre traités sur le même pied demeure un idéal.

Il n'en est pas moins vrai que les luttes ayant pour objet la possession de colonies sont si grosses de conséquences pour la raison aussi qu'elles forment une injustice commise envers les colonies, dont la population de couleur sert la race blanche.

Tous ceux qui, avant la guerre, ont considéré avec confiance les progrès des idées internationalistes et qui croient que la guerre n'anéantira pas complètement cette activité, doivent s'unir et redoubler d'ardeur dans ce sens, la guerre une fois terminée.

15 août 1916.

(Traduit du danois par A. Schenk.)

Deux ans de guerre

par J. DE LOUTER
Professeur à l'Université d'Utrecht.

Deux ans ! Une profonde émotion nous étreint quand nous pensons à tout ce que contiennent ces deux mots. La jeune reine des Pays-Bas venait de monter sur le trône quand, il y a quinze ans, la Première Conférence de la Paix se réunissait dans sa jolie résidence de La Haye. Sur l'initiative de l'un des plus puissants monarques du monde, elle devait réaliser la paix idéale, et c'était comme un gracieux souhait de bienvenue que Dieu adressait à la jeune souveraine. Huit ans après, la paix, confirmée et consolidée par la Deuxième Conférence, semblait être garantie pour toujours.

Brusquement, comme un coup de tonnerre, éclata la nouvelle d'un ultimatum posé à la Serbie ; la mobilisation générale suivait aussitôt et en moins de rien, les grandes puissances se dressaient face à face, armées jusqu'aux dents, prêtes à s'entredéchirer.

Et depuis lors, l'ouragan déchaîné sur l'Europe s'est étendu jusqu'aux extrêmes frontières de l'Asie et au cœur de l'Afrique, croissant en violence sans cesse, recouvrant le monde entier de ses dégâts. Qui fera le dénombrement des millions de vies anéanties ou brisées, des milliards gaspillés follement, des monuments artistiques et scientifiques à jamais anéantis ? Qui mesurera le recul moral et matériel subi par l'Europe en ces deux années néfastes ? Et nul ne peut encore prévoir la fin de la tourmente !...

Les dieux de l'Olympe ni les Walkyries ne descendent plus sur la terre pour assurer la victoire à leurs protégés ! Les anges n'abattent plus en une seule nuit les innombrables ennemis du peuple élu.

En revanche, une idole est montée des cendres et des ruines de la guerre et les peuples européens lui ont dressé un trône, et cette idole, c'est la fatalité.

On se lave les mains dans l'innocence, et les responsabilités, trop lourdes aux épaules humaines, sont rejetées sur celles de l'idole, puissance aveugle. On glorifie les fautes des hommes en les couvrant de fleurs et d'oripeaux respectables. Tout examen de conscience est écarté. Souverains et diplomates marchent la tête haute, de même que leurs conseillers et les chefs de leurs armées. Tous sont les instruments de l'idole cruelle et inexorable à laquelle personne ne peut se soustraire.

Cette théorie moitié religieuse moitié philosophique exerce une influence irrésistible sur tous ces hommes qui, de ce fait, sont plus dignes d'être plaints que d'être condamnés. Cette théorie les absout tous, mais elle aidera peut-être un jour à la réconciliation des peuples émus d'une compassion réciproque.

Cependant l'homme, même revêtu de la pourpre ou de l'armure, a une conscience qui rejette impitoyablement tous les sophismes et qui, dans les heures de recueillement, lui demande compte de toutes ses actions avec une insistance qui ne lui laisse pas de repos. Cette conscience que le croyant nomme la voix de Dieu et le philosophe l'impératif catégorique, est transcendentale ; elle vient d'en haut, elle abaisse ou élève, mais elle est individuelle et inaccessible.... Toutefois les contemporains et la postérité ne peuvent juger les gouvernements que sur leurs actes extérieurs et selon les règles reconnues de la morale et du droit. Il ne nous est donc pas possible d'émettre un jugement définitif sur la guerre actuelle et de désigner les coupables. Cela ne saurait cependant nous empêcher de constater les faits, d'exprimer le résultat de notre jugement, et de faire œuvre de critique loyal en face de la multiplicité des événements. Il suffit que nous ne nous laissions point influencer par nos sympathies ou nos antipathies et que notre point de vue soit celui de l'homme impartial. Une puissance supérieure jugera les gouvernants dans leurs motifs; le spectateur impartial peut les juger sans hésitation dans leurs actes.

A ce propos, détournons un instant nos regards de l'Europe ensanglantée pour le diriger sur la florissante Amérique. Dans son discours de bienvenue, le président du 20e Congrès universel de la paix attirait en 1913 l'attention de ses auditeurs sur les phénomènes pleins de promesses qui se manifestaient dans le Nouveau-Monde et qui nous consolaient un peu des tristesses de l'Ancien. Aujourd'hui plus que jamais, il est bon que nous nous tournions vers la grande république. C'est de là que nous viennent les projets les mieux conçus et les plus sages pour une organisation internationale prévenant les guerres mondiale par le moyen du droit. Sans doute, ces projets sont teintés d'américanisme, mais l'esprit qui les anime est excellent et encourageant. La conviction s'y manifeste que la guerre ne saurait être comparée à une éruption de volcan qui cesse aussi mystérieusement qu'elle a commencé ; que les peuples et leurs conducteurs sont des êtres de raison, capables de juger leurs actions et l'emploi qu'ils font de leurs facultés et de leurs moyens; que les décisions qui peuvent jeter le trouble chez les voisins doivent être examinées calmement et sous toutes leurs faces, avec la collaboration du peuple même et des nations intéressées ; que les lois et institutions communes à tous ou à plusieurs ne sauraient être méconnues impunément ; qu'elles doivent, au contraire, être défendues envers et contre tous par une autorité capable de remettre à l'ordre tout membre de la société des nations qui tenterait de se soustraire à ses obligations.

Seule la réalisation de ces idées peut prévenir le retour d'une catastrophe mondiale. Il est heureux qu'elles ne soient pas bien reçues que des neutres. Lentement mais sûrement, elles gagnent des partisans parmi les belligérants aussi. *Au-dessus de la mêlée.* de Romain Roland, en France, *Neue Generation* d'Hélène Stœcker, en Allemagne, les nombreux écrits de pacifistes anglais en fournissent une preuve réjouissante.

II.

Les bases d'un meilleur avenir, c'est-à-dire d'un ordre mondial pacifique qui implique le respect du droit et comprime la violence, sont aujourd'hui généralement connues et reconnues. Dans ses grandes lignes, le programme minimum de l'*Organisation cen-*

trale pour une paix durable est semblable à celui que développe Charles Buxton dans son «*Towards a lastings settlement*», ouvrage dont le moindre mérite n'est pas d'être d'origine anglaise. Ces publications, qui ne sont pas le fait d'un seul, mais qui sont sorties de la collaboration de plusieurs, réclament toutes les deux:

1) Le droit des peuples à déterminer l'organisation politique qu'ils entendent se donner et à s'opposer à toute annexion ou cession de territoire contraire aux intérêts et aux vœux de la population en cause.
2) La liberté du commerce ou reconnaissance du principe de la porte ouverte; le traitement sur un pied d'égalité du pavillon étranger et du pavillon national dans les colonies et domaines appartenant aux puissances.
3) La liberté des mers en temps de guerre comme en temps de paix, afin d'assurer à tous les peuples la liberté de commerce.
4) Une organisation internationale de droit reposant sur des conférences périodiques, avec arbitrage et juridiction obligatoire en cas de conflit international.
5) Le contrôle de la politique extérieure par les parlements délibérant en séance publique.

Chacun de ces points comporte des développements. Le premier interdit toute conquête; le deuxième exclut toute protection et toute interdiction d'importation ou d'exportation en vue d'étouffer la concurrence; le troisième condamne tout droit de prise, quel qu'il soit; le quatrième s'oppose à toute mesure d'arbitraire ou de violence de nation à nation ; le cinquième exclut de la part des gouvernements et vis-à-vis des peuples, toute surprise ou toute mauvaise intention. En d'autres termes, ces points réunis et appliqués feront disparaître les causes principales de la guerre actuelle.

Ce programme, qui a des partisans dans tous les partis en présence, ne pourra toutefois être réalisé que par les États eux-mêmes et la paix une fois rétablie. Pour le moment, il n'a de valeur que comme projet d'avenir exerçant un pouvoir suggestif plus ou moins marqué. Dans les conditions défavorables présentes, son avènement ne peut qu'être préparé. Si les illusions et l'amertume remplissent encore les yeux et les cœurs, il n'en est pas moins vrai que, comme le jour succède à la nuit, la réconciliation et la connaissance suivront de désir de vengeance et l'aveuglement.

III.

Supposons maintenant que quelques-unes des idées dont il a été question, aient reçu l'approbation des grandes puissances qui règlent les destinées du monde et se soient réalisées ; qui sera chargé à l'avenir de défendre dans les heures de tension et de crise, les résultats obtenus avec tant de peine ? Qui empêchera que les nouvelles conventions ne soient à nouveau considérées comme des chiffons de papier ? On ne peut rien attendre de bon, sous ce rapport, des parties en cause. Les expériences faites ne laissent aucun doute à ce sujet. Tout belligérant, que le bon droit soit de son côté ou non, viole les soi-disant lois de la guerre, sur terre aussi bien que sur mer, dès que ces lois le gênent dans l'atteinte de ses buts militaires. Les traités les plus solennels ne sont respectés que s'ils sont protégés par un *pouvoir extérieur.*

Plus d'un moyen a été proposé à cet effet. D'aucuns attendent le salut d'un plus grand développement de la raison et de la morale humaine. Mais leurs adversaires les traitent de rêveurs et d'exaltés et les renvoient à l'an mille. D'autres luttent pour le triomphe d'une organisation mondiale sous la forme d'un État ou d'une alliance d'États chargée de juger les conflits et d'écarter les luttes meurtrières. Depuis quelque temps, l'idée d'une police internationale est devenue assez populaire : composée de contingents représentant tous les pays civilisés, cette police serait mise à la disposition d'un pouvoir préalablement organisé et chargé de l'exécution des jugements internationaux et du maintien de l'ordre international ; elle devrait rappeler les récalcitrants et les fauteurs de troubles à leurs promesses ou aux obligations qu'ils ont contractées et les soumettre, au besoin, par la force armée.

Mais sans vouloir discuter la valeur de cette idée et la possibilité de sa réalisation, je pense qu'une pareille police serait tout aussi impuissante à agir à l'heure grave que toute autre institution créée en temps de paix et qui a été emportée par la violence des événements. Le sort qui a été fait à la neutralité permanente et garantie, en fournit la preuve décourageante et concluante.

Non, à ma conviction, les moyens précités ont leur valeur mais ne sont nullement capables d'assurer absolument la paix et de régler tous les casus belli.

Pour moi, il n'y a qu'un seul moyen qui serait efficace, supposé que soit maintenu le groupement actuel des États européens. Ce moyen n'est point rigide et immuable ; il se plie à toutes les situations et s'adapte à tous les conflits qui pourraient se présenter dans un avenir plus ou moins lointain. Ce moyen, très simple, c'est que, en cas de contestation sérieuse menaçant de rompre la paix, tous les États qui ne sont pas impliqués dans la querelle, soient obligés de former bloc aussitôt, pour résister avec énergie, et à temps voulu, à l'État perturbateur de la paix.

Ce moyen a été appelé « la Ligue des neutres », à tort, selon nous, car aussi longtemps qu'il n'y a pas de guerre, il n'y a point de neutres non plus, et personne ne sait, le cas échéant, quels États resteront neutres. Toutefois, l'idée est claire : tous les membres de la communauté juridique internationale ont intérêt à voir la paix maintenue ; tous doivent par conséquent collaborer à son maintien en prenant des mesures convenues et en se servant de toutes les institutions et de tous les moyens pour prévenir l'explosion de la guerre. En cas d'insuccès, ils ont tous le même intérêt aussi à défendre les droits de la neutralité et à les faire, si possible, prévaloir sur ceux de la guerre. Les États qui n'entrent pas en guerre sont donc les défenseurs naturels de l'organisation internationale et les adversaires non moins naturels de tout État qui trouble la paix.

Mais pareille ligue ne peut être fondée d'avance parce que personne ne sait d'avance qui en fera partie. Pour ce motif précisément, toute entente préalable est inefficace et peut même devenir cause de guerre. Au moment critique, cette entente se déchirerait, comme toute alliance politique. Si en revanche à chaque conflit naissant, tous les États qui ne sont point intéressés à ce conflit constituent immédiatement et spontanément un groupe fortement uni prêt à protéger par tous les moyens l'ordre juridique international, ce groupe obligera les partis en présence à réfléchir et à se contenir. Ils se trouveront non seulement en face du parti adverse, mais aussi en face d'un groupement disposant d'une force formidable destinée à réprimer l'arbitraire et à sauvegarder le droit.

C'est pourquoi, point de naïve confiance en une influence purement morale (ce sera pour plus tard, peut-être) ; point d'organisation artificielle non plus qui se briserait fatalement contre l'inexorable réalité au moment critique ; mais l'organisation d'une force irrésistible qui agit au moment voulu, s'adapte aux situations, étouffe la guerre en son germe ou en restreint du moins les effets en protégeant les conventions conclues.

IV.

Et maintenant, une question : la solution que nous proposons est-elle possible ? Cela dépend de plusieurs conditions. Nous en énumérerons trois. Tout d'abord, il doit y avoir des États neutres, c'est-à-dire des tiers impartiaux et désintéressés qui ne soient point impliqués dans le conflit et dont la main ni la voix ne tremblent de la fièvre de la guerre. En deuxième lieu, ces neutres doivent être disposés à entreprendre une action commune et à se prêter mutuellement service, même s'ils ne sont pas directement menacés dans les effets de la guerre. En troisième lieu, il ne doit plus exister de doute aucun sur les droits et les devoirs internationaux, et le droit positif doit être établi pour tous de manière à ne plus prêter à aucune équivoque. Si un certain nombre d'États neutres disposant de moyens suffisants, se trouvent ainsi prêts à défendre le droit, il est à peu près sûr que leur action commune fera triompher les droits de la paix et de la neutralité.

Admettons un instant que le 1er août 1914, les États neutres se fussent unis fortement sous la direction du plus puissant d'entre eux, les États-Unis d'Amérique assistés des républiques sœurs de l'Amérique méridionale et centrale, et que ce groupement d'États eût résolument crié : Prenez garde ! aux armées allemandes en marche, on peut douter que les Empires centraux eussent mis tant d'empressement à déclarer la guerre à la Serbie et à la Russie. L'étonnement et la fureur qui se manifestèrent lorsque l'Angleterre résolut d'intervenir dans la lutte, rendent ce doute légitime. Dans tous les cas, une forte ligue des neutres eût certainement garanti le commerce contre l'intolérable arrogance de l'Angleterre et l'Allemagne.

Au demeurant, je reconnais qu'il subsiste de sérieux obstacles à la réalisation de ce projet, mais j'estime qu'ils ne sont point insurmontables. Il ne faut d'ailleurs pas oublier que le principal avantage d'une pareille ligue réside dans sa force préventive et qu'il serait tout aussi sot de juger de sa valeur d'après le nombre de ses interventions que de la valeur du droit pénal d'après le nombre des crimes commis.

Si de cette manière les bases d'une société des nations nouvelle et meilleure pouvaient surgir de l'effroyable guerre qui ruine et décime les peuples, il apparaîtrait à nouveau que le monde n'est point régi par un destin aveugle.

1er août 1916.

Un droit international nouveau est nécessaire

par J.-A. LOEFF
Ancien ministre de la Justice, député à la Seconde Chambre Hollandaise.

Les temps historiques que nous traversons ne prouvent-ils pas avec la force voulue que le « droit de guerre » est une *contradictio in terminis?* ...

Celui qui, dans ces jours d'affliction, s'efforce de travailler avec le sérieux du deuil et de la raison, à abréger, ne fût ce que d'un seul jour, l'horrible domination de la guerre et à briser si possible cette domination pour tous les temps, celui là a droit aux louanges et à la reconnaissance de tous. Qu'il en reçoive ici l'expression de nos sentiments les meilleurs.

Avec autant de décision que d'ardeur, un grand nombre d'hommes et de femmes de tous les pays se sont mis à gravir le sentier abrubt et rocailleux de la réconciliation des peuples ; tous sont animés de la certitude d'atteindre enfin le radieux sommet.

Parmi ceux qui, à ce point de vue, ont mérité de l'humanité, nous comptons les organisations travaillant pour l'avènement d'une paix durable, et en particulier le «Neederlandsche Anti-Oorlog Rad» (Association hollandaise contre la guerre). Il me semble qu'il n'est pas même nécessaire de croire à la réalisation de tous les souhaits des pacifistes ou de souscrire à toutes leurs revendications internationales pour apprécier la haute valeur de leurs efforts et l'admirable énergie qu'ils mettent à rechercher les moyens de réaliser leurs idéals....

Parmi ces idéals, le plus important est sans contredit l'arbitrage international obligatoire, qui devra être la conséquence et le couronnement de la nouvelle organisation de droit internationale. Sans exagération, on peut prétendre qu'aujourd'hui cet idéal est commun à toutes les nations qui ont su se tenir à l'écart de la guerre. Et peut être sa réalisation sera-t-elle de plus grande importance encore pour les États douloureusement éprouvés aujourd'hui que pour les États que la guerre a épargnés....

L'arbitrage international obligatoire devra certainement être établi un jour ; assez de raisons nous font croire que ce jour ne tardera pas à venir.

On dit souvent – et non sans justesse – que la guerre actuelle est le suicide de l'Europe. Mais ce mot n'évoque qu'un aspect du tableau. Pour tous ceux qui croient que, en dépit des bouleversements et des dévastations, l'humanité poursuit avec l'aide de Dieu son chemin vers le progrès et la civilisation, cette guerre produira un nouveau suicide, le suicide de la guerre elle-même.

Si, à l'avenir, quelque chose peut empêcher le retour de nouvelles guerres, ce sera l'impérissable souvenir de la misère sans bornes, de la mer de sang et de larmes qu'a valu à l'humanité la conflagration présente.

Seul un droit international renouvelé est en mesure de remédier au mal. Et une des premières conditions de ce droit sera l'obligation pour tous les États de soumettre tous leurs différents à une Cour de justice mondiale, à un tribunal international.

1er août 1916.

Le Droit à la place de la Violence

par HAAKON LÖKEN

Procureur du Royaume de Norvège.

En ces jours où la monstrueuse guerre mondiale entre en sa troisième année, les pacifistes des pays neutres s'assemblent pour se recueillir et échanger leurs pensées.

Je dis avec intention: pensées, et non: sentiments. Nous n'avons pas, en effet, l'intention de réunir le peuple pour nous attrister et nous plaindre avec lui; nous nous assemblons, au contraire, pour réfléchir et agir.

Les plaintes sont inutiles et superflues. Elles pourraient même être nuisibles, car les belligérants pourraient se moquer de nous et nous dire avec amertume: Que parlez-vous de deuil et de misère? Comment osez-vous juger de choses que vous ne connaissez point? Croyez-nous, nous savons mieux que vous combien la guerre est horrible.

Non, nous avons mieux à faire que de prononcer des paroles inutiles. Non voulons essayer de gagner le peuple entier à une cause sacrée, à la grande cause qui, le jour de son triomphe, remplacera la violence par le droit, au mouvement populaire qui aboutira *à l'organisation du monde sur les bases de la souveraineté du droit et qui mettra la procédure à la place de la guerre.* C'est là la condition suprême de la paix durable. Et c'est le grand malheur de l'humanité qu'on ne s'en soit pas aperçu jusqu'ici.

Si l'on réussissait à faire entrer cette conviction dans les esprits, elle deviendrait comme l'étoile de l'espérance pour les millions d'hommes qui souffrent. Dans l'ombre des tranchées remplies de sang, derrière le front de bataille et dans les maisons où règnent les soucis et l'inquiétude, elle enverrait sa lumière consolatrice, et dans ses rayons resplendiraient les mots de la légende : *In hoc signo vinces!* Par ce signe, tu vaincras !

Il est vrai que l'homme dont l'œil est troublé par les vapeurs de sang et les fumées de la poudre, ne pourra pas le percevoir tout de suite, ce signe béni. Mais bientôt il reluira à travers la brume épaisse qui couvre la terre... d'abord lointain et indécis comme une illusion que les malheureux repoussent avec amertume. Puis il ne tardera pas à briller de tout son éclat et à devenir visible à tous. Alors enfin viendra le grand moment psychologique où les hommes abandonneront leur superstition séculaire vis-à-vis de la guerre, où ils ne croiront plus que la guerra est l'unique moyen de régler un conflit. Alors viendra le règne de la procédure et du droit, pour les peuples aussi bien que pour les individus et les communautés.

* * *

L'histoire du droit nous montre le chemin qu'il faut suivre pour arriver à ce but. La réalisation de cette idée n'a rien d'utopique. C'est là un fait connu et reconnu. Aucun État, certainement, ne désire retourner à l'anarchie qui, juridiquement, existait autrefois dans les rapports des individus et des peuplades.

Les fondements du grand tribunal international que nous demandons ne différeraient en aucune manière des tribunaux nationaux. Rien d'inconnu, rien d'utopique.

Au contraire, rien que des notions connues : procédure et jugement fondés sur la justice et le bon sens, avec un pouvoir veillant dans l'ordre à l'exécution de la sentence.

Une seule chose est utopique : celle qui ne peut prendre racine nulle part. Or, s'unir en vue d'établir un droit et un tribunal communs est depuis des siècles d'usage sur toute la terre, et cela dans des dimensions qui deviennent toujours plus vastes et pour des cercles toujours plus grands. Le principe demeure, seules les proportions changent. Ce qui n'avait force de loi que pour une contrée, s'étend à tout le pays. Ce qui n'était valable que pour un canton, l'est pour toute la Confédération suisse. Les États-Unis d'Amérique s'étendent aujourd'hui de la Terre Neuve au Mexique et à l'Alaska et l'Empire britannique comprend des parties du monde entier.

La terre est assez petite et les hommes – pourvu qu'ils le veuillent – sont assez puissants pour réaliser les États-Unis du monde.

Et à y regarder de près, cette volonté ne fait pas défaut. Ce qui manque, c'est la connaissance. Les hommes ne savent pas. On ne leur a rien appris sous ce rapport. Ils ne sont habitués qu'à la guerre. Or, comme dit Björnson dans *Entre les Combats* «l'habitude est leur maîtresse». Réfléchir à la paix n'est point dans leurs habitudes. Cependant, réaliser la paix ne dépasserait pas leur pouvoir ni leur force de volonté.

Car le principal obstacle à la paix réside dans le fait que depuis des siècles les peuples croient à la nécessité et à l'inévitabilité de la guerre ; et dans le fait aussi que les autorités responsables ne font rien en Europe pour détruire cette fausse croyance. Bien mieux: pour le 90 % de nos hommes d'États, de nos journalistes, de nos prêtres et de nos légistes, cette croyance est devenue article de foi : ils la maintiennent, ils l'annoncent et la propagent ; ils huent et persécutent ceux qui travaillent pour la paix.

Quoi d'étonnant donc que les peuples vivent encore dans cette foi ? Quoi d'étonnant qu'ils se fassent écraser par millions sous les roues meurtrières de ce char de Yaggernaut qu'est la guerre ?

Or, ceux qui croient à la nécessité de la guerre n'ont rien de mieux à faire qu'à s'y préparer, s'ils ne veulent pas se laisser opprimer de bon gré. C'est pour eux qu'a été forgée la sentence latine : *Si vis pacem, para bellum.* Si tu veux la paix, prépare la guerre.

Mais pour nous qui croyons que la guerre est aussi peu nécessaire dans la vie des peuples que le duel dans la vie des individus, pour nous, il s'agit de préparer la paix avec autant d'ardeur que d'autres préparent la guerre. *Si vis pacem, para «pacem»!* Les peuples l'ont fait dans leur activité nationale et sont ainsi arrivés à la paix nationale. Seule la préparation de la paix internationale a été négligée.

La paix nationale a été assurée par les lois et les tribunaux et par l'établissement d'un pouvoir exécutif qui protège les sentences rendues par les tribunaux au nom de la loi. Or, la paix internationale ne possède pas ces garanties. Jusqu'ici, elle n'a pour ainsi dire vécu qu'au jour le jour, à peine assurée d'une heure –

d'une minute. Elle n'a point de tribunaux et point de lois qui puissent être appliquées par un pouvoir exécutif.

* * *

Et le Tribunal de La Haye ? demanderez vous. Oui, ce tribunal est une institution unique au monde et sa création fut un bienfait. Malheureusement, il n'est pas obligatoire : on n'y a recours que quand on trouve bon de le faire ; il ne se réunit que si les deux parties le demandent et ne fonctionne que comme un arbitre bénévole dans une querelle entre individus. Un tribunal stable, obligatoire n'existe pas encore et les conventions internationales n'ont pas l'appui d'un pouvoir exécutif. C'est que la paix n'est point encore organisée ; elle dépend du hasard. Seule la guerre est organisée. Il est fâcheux que les paroles qui servaient naguère d'épigraphe à un article sur la paix ne soient que trop vraies : « On ne peut pas recommencer le passé et tous le regrettent. Mais on peut recommencer le futur — et tous l'oublient. » Peu d'hommes suivent les voies nouvelles, et on les couvre de sarcasmes et de mépris. Et pourtant c'est à eux que s'applique l'ancien adage : *Vestigia terrent,* les vestiges effraient. Mais si les peuples pouvaient croire un jour que les guerres ne sont pas plus naturelles que les duels et que tous les conflits entre États peuvent être réglés par la voie des tribunaux internationaux, les armements et les guerres ne tarderaient pas à appartenir aux temps passés.

Utopie ! crie-t-on. Il n'y a pourtant rien là qui théoriquement et pratiquement ne soit réalisable. Un jour, le premier tribunal établi par les hommes et pour les hommes a aussi été une utopie, tout comme la première loi. Tout cela fut absolument nouveau une fois; tout cela avait été considéré comme une utopie par les hommes d'alors, comme une prodigieuse utopie. La paix intérieure et l'ordre donnés enfin au peuple furent pour celui-ci quelque chose de si merveilleux qu'il a mis une auréole au portrait de ses premiers grands juges et législateurs. Et il n'y a pas que chez les Israélites que, sur un mont Sinaï entouré de fumée et de feu, la loi fut donnée au peuple. Pourquoi donc aujourd'hui que les notions de loi, procédure, jugement sont connues depuis des siècles, pourquoi l'établissement d'un tribunal international serait-il plus malaisé que l'établissement de tribunaux nationaux aux temps passés? Nous connaissons aujourd'hui le chemin; il doit donc être d'autant plus facile à suivre. Mais les peuples s'étonnent en entendant cela. Ils doutent, ils contredisent, ils reculent. Ils ne savent pas quels durs combats ont été nécessaires pour élever la jurisprudence au niveau qu'elle atteint aujourd'hui. Personne ne se doute que la société, telle qu'elle existe présentement, est fondée sur une infinité d'utopies enfin réalisées.

La solution du problème est difficile — mais pas plus difficile que la guerre. Elle est, au contraire, comme nous l'avons vu, beaucoup plus facile. Les hommes routiniers diront: Il est impossible d'obtenir des jugements absolument justes.... Oui, c'est vrai: toute œuvre humaine est imparfaite. Les tribunaux aussi. Dans tous les pays, ils ont été d'abord imparfaits et sujets à l'erreur. Mais on les a améliorés peu a peu. Aujourd'hui encore bien des choses peuvent être critiquées dans nos tribunaux nationaux. Mais pour autant, voudrions-nous nous en passer et retourner aux temps de l'anarchie ?

Un tribunal international pourra aussi commettre des erreurs. Mais il ne faut pas oublier que tout juge prononce sa sentence au plus près de sa conscience et au mieux de son savoir, et que tout jugement injuste peut être revisé tôt ou tard. Une guerre, par contre, ne peut jamais être « refaite ». Et qui oserait prétendre qu'une guerre est plus juste qu'un tribunal ? Ou qui oserait demander que le duel revînt dans nos habitudes ? Dans tous les temps, la guerre a commis l'injustice quatre vingts dix neuf fois sur cent. Et elle ne commet pas seulement l'injustice contre le vaincu : elle la commet tout aussi bien contre celui qu'on appelle le vainqueur.

Car la guerre est injuste envers tous ; elle est injuste dans son principe même. Elle n'est légitime que dans un cas : quand il s'agit de défendre sa vie. Mais quel peuple assailli par un puissant voisin ne préférera à une soi disant victoire un règlement pacifique par le moyen d'un tribunal ? Et quel peuple ne préférera se soumettre au jugement impartial d'une cour de justice internationale ?

* * *

On objectera que le tribunal ne saurait être absolument impartial. Non, évidemment. Mais dans tous les cas il sera au moins cent fois plus impartial que la guerre, qui ne reconnaît que la violence, qui force tout le monde à prendre parti et qui élimine toute responsabilité. Et puis, pour quelle raison un tribunal international ne serait-il pas, pour le moins, aussi impartial que les tribunaux nationaux ?

Dans une entrevue que j'eus avec lui, le général Bramwell Booth, de l'Armée du salut, suggéra l'idée qu'une partie des juges internationaux pourraient être élus par le moyen d'une entente préalable entre tous les États, de sorte que tous les juges ne seraient pas nommés par un État déterminé et n'en dépendraient pas. Une chose est sûre: c'est qu'il faudrait tâcher d'atteindre la plus grande impartialité possible. On pourrait aussi faire désigner les jurys par le sort en réservant aux parties le droit de récusation.

Certains juristes objectent aussi que nous ne possédons pas encore assez de lois internationales et qu'un jugement ne saurait être prononcé sans qu'au préalable la loi relative à ce jugement n'ait été formellement adoptée. Cette objection n'est point fondée, car c'est justement quand manquent les lois que la cour arbitrale doit fonctionner. Et c'est là précisément le début de toute législation: quand aucune loi n'existe, les jugements sont prononcés par le tribunal arbitral au plus près de l'équité et du bon sens. Il ne saurait en être autrement dans toute communauté. Il y a de grands États comme l'Angleterre et l'Amérique dont la jurisprudence est basée bien plus sur les jugements rendus par les tribunaux que sur les lois promulguées par l'État. Le droit romain lui-même, ce trésor de toute science juridique, a été déduit directement de la pratique des hommes de loi jugeant dans les mille circonstances où la législation faisait défaut.

Il pourra en être exactement ainsi entre les États. On peut commencer par les cours d'arbitrage et en continuer la pratique jusqu'à ce qu'il en résulte de véritables lois, jusqu'à ce que les traités, les décisions, les conventions de conférences internationales ou d'un parlement universel soient acceptés.

* * *

L'obstacle principal à la réalisation de l'idée du tribunal international obligatoire et permanent réside dans le fait que tous les hommes connaissent la guerre — parce que la guerre est préparée jusque dans ses infimes détails — et que peu d'hommes seulement connaissent la paix — parce que la paix n'est point préparée.

Partout les membres des Parlements déterminent dans tous ses détails l'organisation des armées et des flottes. Toutes les questions d'équipement et de munition sont agitées et étudiées avant qu'on accorde les armements demandés. Mais quand, dans ces mêmes Parlements, saisit-on l'occasion de parler de l'organisation de la paix et de ses détails ?

Chaque électeur, chaque enfant même parle des exigences de la guerre. Mais de ce qui serait nécessaire pour le maintien de la paix, on ne veut rien savoir. Personne n'en parle.

Le nombre des pacifistes n'est pas grand ; leur action n'est pas considérable et on les couvre de moqueries — dans les journaux soi-disant sérieux plus encore que dans les feuilles humoristiques. La masse du peuple suit, obéissante, et ne se rend point compte de l'injustice qu'elle commet.

* * *

Mais, peu à peu, il se fait jour. En pleine guerre, les hommes connaissent la vérité l'un après l'autre.

L'archevêque Söderblom d'Upsala « cœur et tête de l'église » a exprimé l'opinion que les armements doivent enfin cesser et les peuples s'unir.

« Nous devons, déclare-t-il, fixer nos regards sur le moment où les États européens se seront fédérés en conservant leur souveraineté. Plus que jamais l'Union des États d'Europe – ou un système analogue – est nécessaire afin de protéger le droit et la liberté contre la barbarie, afin de rendre impossible la destruction par la guerre des biens de la civilisation. »

De même les partisans de « l'Organisation centrale pour une paix durable » deviennent plus nombreux chaque jour. Le programme minimum de cette association comprend l'ordre de droit international et le tribunal permanent pour tous les conflits, même pour ceux entre États qui ne demandent pas de jugement.

Il est de haute importance que le président Wilson, chef d'un État de 100 millions d'âmes et de tout un continent, se soit prononcé pour une « Union of Nations » organisée de cette façon. Même s'il se contente de demander le moins, c'est-à-dire l'obligation pour tout État de faire procéder à une enquête juridique de tous les différents, il est pleinement convaincu que cette union des nations aura le droit et le devoir d'empêcher la guerre.

Asquith, alors premier ministre anglais, disait le 24 novembre 1914 : Le but de l'Angleterre est « a real European partnership », une communauté européenne réelle fondée sur la reconnaissance du même droit pour tous, organisé et assuré par une volonté commune.

«Il y a deux ans, déclarait-il plus tard encore, cette idée aurait été considérée comme utopique. Et elle ne sera sans doute réalisée ni aujourd'hui ni demain. Mais si les Alliés gagnent la guerre, cette idée entrera tout de suite dans nos préoccupations et bientôt aussi dans le cadre d'activité des hommes d'État européens.»

Le 10 avril et le 5 août 1916, il précisait sa manière de voir en parlant d'un « système international qui réalisera et assurera le principe des mêmes droits pour tous les États civilisés».

En Allemagne, le chancelier de l'Empire Bethmann-Hollweg a exprimé la même pensée: «La paix qui suivra cette guerre devra être durable. Elle ne devra pas porter en soi le germe de nouvelles guerres; elle devra amener un ordre définitif et pacifique dans les affaires européennes.»

Cette déclaration est assez ambiguë. Un impérialiste allemand décidé, Maximilian Harden, s'est exprimé de façon plus explicite dans la «Zukunft» de mai 1916. «La guerre, dit-il, change toutes les conditions et tous les hommes. L'Allemagne doit coopérer de toutes ses forces à la création d'une cour d'arbitrage internationale et commune.»

Et maintenant, on s'occupe de la chose un peu dans tous les pays. Le 1er août les cloches sonnaient pour la paix dans cinq pays neutres; des évêques et des prêtres exprimaient ce vœu dans leurs prières et leurs sermons. Mais les prières et les vœux ne suffisent pas: il faut le *travail* pour la paix, le travail préparatoire et nécessaire à l'avènement d'un état de choses nouveau.

Autrefois, il s'agissait de préparer la guerre. *Para bellum!* Aujourd'hui, il s'agit à un bien plus haut degré de préparer la paix. *Para pacem!* Il faut gagner à la cause du tribunal international de nouveaux partisans. Sans cette activité de propagande, la prière n'a point de valeur. Victor Riedberg l'a dit dans son *Hesiodos:*

Prier, les mains jointes,
Ce n'est point assez, ô paysan!
Prie en tenant les cornes de ta charrue!
Alors seulement la puissance de la prière
Bénira tes peines.

* * *

Nous ne nous adressons pas à ceux qui ont mauvaise volonté. Ce serait peine perdue. Nous nous adressons aux hommes de bonne volonté mais qui ne peuvent croire à un avenir meilleur; aux hommes aussi qui voudraient croire à cet avenir et qui n'attendent que d'en comprendre le «comment?» Il y a peu d'années encore, notre proposition était traitée d'utopie. Mais ces deux années de guerre ont enfin ouvert les yeux à des milliers, à des millions d'êtres humains. Ils commencent à voir; bientôt ils pourront entendre aussi. L'espoir se dessine; la foi viendra après l'espoir et la volonté ne tardera pas à suivre... la volonté de créer l'organisation internationale de droit et le tribunal avec pouvoir exécutif qui en sera le couronnement, ... la volonté de mettre à la place de la violence, le droit.

4 août 1916.

(Traduit du suédois par A. Schenk.)

Deux ans... Deux ans... Deux ans...

*Par ELLEN KEY (Suède).**

C'est à coups de marteau qu'on devrait enfoncer ces deux mots dans la conscience de celui qui se refuse à les recevoir.

Entre aujourd'hui et le soir de 1914 où, pour la dernière fois, les cloches dominicales retentirent sur un monde de paix, des siècles pourraient s'être écoulés, tant l'humanité a vieilli depuis lors; oui, des siècles, tant l'humanité a souffert!

La destinée qui d'ordinaire descend doucement et comme goutte à goutte sur nos années, s'est précipitée sur nous en brusque cataracte. Les hommes d'âge moyen sont devenus gris durant ces sept cents trente jours et les jeunes gens, mûrs avant le temps. Des millions de mères aux nombreux enfants ont été pétrifiées comme Niobé; des millions d'enfants aux lèvres encore humides du lait maternel ont été arrachés du bras protecteur par la mort ou la fuite; des millions d'hommes éclatants de jeunesse et de force ont été, telles des loques, jetés en masse dans les fosses communes, ou sont condamnés à traîner sur la terre le reste de leur vie d'estropiés; des millions de femmes ont vu leur bonheur ou leur espoir se flétrir comme le germe du fruit après la gelée d'une nuit de mai; des millions de femmes autrefois fières de leur vitalité remplissent aujourd'hui les hôpitaux et les maisons de santé...

* Écrit pour le 4 août 1916, à la prière de la Conférence des Neutres, par le célèbre auteur du *Siècle de l'enfant*.

quand les cruautés de la guerre ne leur ont pas fait goûter enfin le dernier repos dans la tombe ou au fond de la mer ; des millions de foyers où régnait l'aisance et le contentement ne sont plus que des monceaux de ruines ; des objets sans nombre et d'un prix inestimable pour le cœur de leur propriétaire sont perdus ; d'innombrables trésors de la nature et de l'art sont détruits à jamais ; des valeurs immenses sont anéanties. Et les plus grandes parmi ces valeurs, les intelligences où sommeillaient les grandes actions de l'avenir, ont été précipitées dans le néant avec le cerveau qui les eût produites. Et, à côté de cela, toutes les âmes qui, pour toujours, sont émoussées, endurcies, abruties !

Tout cela, l'humanité l'a supporté au cours de deux années . . . Deux années ! Cette période, qui nous fait paraître courte toute notre vie antérieure, est la première d'une ère nouvelle. Car non seulement pour les peuples en guerre mais pour les neutres aussi, la guerre mondiale a changé la face de la terre. Il y a des personnes qui ont vécu la guerre de façon si intense que l'image de l'une ou de l'autre victime expressive du fléau, bien qu'elle leur soit inconnue, les poursuit nuit et jour. Et dans leur propre pays, la vue des jeunes gens pleins de vigueur et de santé leur est une souffrance par la pensée que la guerre aurait pu les mutiler, eux aussi.

Ceux qui, dans ces deux ans, ont vécu ainsi la guerre par le sentiment, l'imagination et l'esprit, sentent, comme une mer en fureur, tout leur être se soulever contre les auteurs de la guerre et ceux qui la prolongent. Depuis deux ans, les mêmes images trompeuses sont agitées devant nos yeux endoloris ; depuis deux ans, les mêmes mots résonnent à nos oreilles fatiguées : chaque nation absolument innocente d'avoir provoqué la guerre ; son profond amour de la paix avant la guerre ; son devoir d'obtenir les résultats qui seuls peuvent garantir au monde la paix . . . partout la même chose. Mais de plus en plus fortement la conviction s'impose que la fièvre des blessés seule fait prononcer ces paroles aux belligérants.

Dans l'inquiétude grandissante qu'on éprouve pour le sort de l'Europe, on souhaite qu'un miracle du ciel paralyse toutes les langues – dans les gouvernements aussi bien que dans les parlements, dans la presse comme dans l'armée – qui continuent d'induire le peuple à croire qu'une guerre victorieuse est le meilleur moyen d'assurer la paix.

Quand se lèveront des hommes nouveaux, des hommes qui ne sont point liés par leurs discours grandiloquents d'autrefois et qui ne sont pas responsables du présent état d'esprit de leur peuple ? Ou mieux, un homme seulement, un seul, mais avec assez de courage et de sagesse pour prononcer le mot de délivrance que le monde attend avec angoisse. Que ce mot soit celui de *paix,* mais qu'il soit aussi celui *d'examen de conscience* en ce qui concerne la culpabilité du pays dans l'ouverture des hostilités. Si la volonté de faire cet examen de conscience existe, on reconnaîtra bientôt que le but à atteindre par la patrie ne saurait être déduit de la carte telle que l'a modifiée la guerre aujourd'hui ou des modifications que cette carte pourrait encore subir.

Une paix durable est de condition vitale pour l'Europe. Mais cette paix est impossible si l'un des groupes de puissances peut imposer à l'autre ses conditions de paix. Une paix durable ne pourra être obtenue que lorsque, par leurs souffrances, les peuples en guerre auront atteint dans le bons sens, l'équité et la modération, un degré supérieur à celui du début des hostilités. Dans tous les pays belligérants – de même que dans les pays neutres – quelques personnalités ont déjà reconnu cela. Mais il faut que cette vérité soit proclamée par un des hommes chargés de diriger la destinée des peuples, par un des chefs des puissances belligérantes : c'est le seul moyen de donner à la volonté d'amener la paix le noyau autour duquel viendront se cristalliser toutes les autres volontés du peuple belligérant. De quelque côté que cette reconnaissance ait lieu, elle produira une discussion de la paix qui provoquera de part et d'autre des concessions et nous vaudra la paix avant qu'ait sonné l'heure sanglante du déclin de l'Europe dans l'histoire universelle.

Au seuil de cette troisième année de guerre, les peuples neutres sont en train de s'unir pour adresser au ciel leurs prières et leurs espoirs pour une paix juste et durable. Puissent-ils en même temps persuader les belligérants que leur devoir est de faire leur examen de conscience en ce qui concerne le passé et de rentrer en eux-mêmes en ce qui concerne l'avenir ! Puissent-ils, eux que la guerre a épargnés, avoir les égards qui sont dus à des frères combattants et souffrants, et leur dire : la paix ne peut pas être obtenue sur les champs de bataille ; sur les champs de bataille ne peut être obtenue que la trêve des armes.

L'idéal de droit et de liberté pour lequel combattent maintenant la France et l'Angleterre est digne qu'on se batte et qu'on meure pour lui. Mais la croyance que le triomphe de cet idéal ne sera rendu possible que par l'écrasement de l'Allemagne est une illusion. Car ce qui en sortirait ne serait pas *l'organisation internationale pour le droit et la liberté de tous les États.* Non, ce serait l'Europe partagée en deux camps militaires reprenant la course aux armements et aux compétitions. Et la victoire des armées de l'Allemagne ne pourrait pas mieux donner à ce pays la paix durable, c'est-à-dire lui assurer le chemin nécessaire à la marche triomphale de ses meilleures forces.

Même en unissant leurs efforts, les neutres ne pourraient point mettre fin à la guerre. Mais ils peuvent servir directement la cause de la paix en recherchant les moyens, sages et dignes, de convaincre les belligérants d'une chose, c'est qu'aujourd'hui chacun de leurs groupes s'épuise et se dévoue pour des buts qui, atteints par un parti, ne pourraient créer en Europe qu'un état de guerre permanent. Et cet état durerait jusqu'au jour où les peuples européens auraient enfin la « paix permanente », la paix du cimetière qui toujours encore descendit sur les peuples ayant versé leur sang le meilleur dans de stériles luttes d'hégémonie. L'histoire nous apprend que la culture la plus développée ne sauve jamais un peuple de cette paix là. Mais jamais non plus, les peuples ni leurs chefs ne tirèrent un enseignement de l'histoire : ce ne sont pas les expériences de nos ancêtres qui nous rendent sages, ce sont nos propres expériences seulement. A l'est et à l'ouest, on attend l'issue de la lutte avec le calme de l'héritier sûr de son héritage. Mais les peuples neutres considèrent ce duel, mortellement dangereux pour les deux adversaires, avec l'inquiétude d'amis désintéressés.

Ne serait-il vraiment pas possible que les nombreux mais faibles mouvements en faveur de la paix s'unissent et forment un courant électrique assez fort pour convaincre les belligérants de l'honnêteté de nos intentions, de la chaleur de notre sympathie, du bon sens de nos pensées quand nous, les pacifistes, nous les supplions de mettre fin à la lutte avant que les uns et les autres aient perdu tout leur sang?

(Traduit du suédois par A. Schenk.)

Le Brouillard

*par SELMA LAGERLÖF (Suède).**

Un matin d'automne de l'année 1914, la première de la grande guerre, un brouillard fort épais s'étendait sur la calme et paisible contrée dont le pacifique avait fait son séjour, loin des bruits du monde. Pourtant le brouillard n'était pas dense au point d'empêcher le pacifique de voir tout son jardin et sa maison avec toutes ses dépendances. Mais son regard ne pouvait pénétrer plus loin. Il ne voyait ni champs, ni collines, ni forêts. Tous les environs avaient disparu. Il aurait pu s'imaginer qu'il habitait un îlot solitaire, très loin dans l'océan du monde.

Un horizon si restreint était, pour lui, un fait extraordinaire, si extraordinaire que ses yeux en éprouvaient une impression douloureuse. Il y avait quelque chose de déprimant dans la sensation qu'il éprouvait de ne pouvoir diriger sa vue librement dans toutes les directions, et en faisant ce matin-là sa promenade habituelle par le jardin, il se sentit inquiet et agité comme devant un danger menaçant.

Involontairement, il fronça les sourcils et s'efforça de percer de son regard les murailles de brouillard. Vainement. Il dut se contenter de considérer les choses les plus rapprochées. De mauvaise humeur d'abord, il chercha à se consoler en examinant quelques feuilles de sorbier rouges comme le feu, et auxquelles l'humi-

* *Écrit sur l'invitation de la* Conférence des Neutres *de Stockholm, par Selma Lagerlöf, le grand écrivain suédois, auteur de la* Saga de Gœsta Berling *et autres légendes célèbres.*

dité donnait l'éclat du vieux cuivre. Puis son attention fut attirée par les toiles d'araignée mouillées de rosée qui s'étendaient sur une plate-bande de fraisiers à moitié flétris déjà. Il se dit que ces toiles d'araignée formaient comme la voilette des beautés de l'automne et il se demanda si c'était d'elles peut-être qu'autrefois, dans les temps passés, les femmes sur le retour avaient appris à cacher leur fuyante beauté sous une voilette brodée de perles.

Cette pensée le réjouit; sa mauvaise humeur disparut et c'est avec un nouvel intérêt qu'il examina les choses autour de lui. Un vieux pommier aux fruits tardifs et dont les branches ployaient sous leur fardeau, se dressait devant lui. Il fut étonné de trouver l'arbre si extraordinairement beau. Chaque fois qu'il flânait dans son jardin, cet arbre, jusqu'alors, l'avait dépité par sa laideur. Il était bas et large. Ses branches partaient à angle droit du tronc, raides et grosses. Mais ce matin-là ses rameaux chargés de pommes claires s'inclinaient vers la terre en gracieuses courbes. C'était la preuve qu'ils étaient aussi forts que souples. Il comprit que pour leur écrasant fardeau, cette informe épaisseur était une nécessité.

Et soudain il se sentit tout à fait réconcilié avec le brouillard. Il lui sembla que le rétrécissement de son cercle visuel avait forcé son attention à se fixer sur de petites choses auxquelles, jusqu'à ce jour, il avait négligé de prendre plaisir. Afin qu'on voie bien, afin qu'on comprenne ce qu'on voit, pensa-t-il, il a toujours été nécessaire que le regard se fixe sur ce qui est rapproché de nous.

La vérité de cette constatation lui fut démontrée encore dans le nouveau sentier qu'il s'était mis à suivre. Il y découvrit quelques prunes parfaitement mûres, les dernières de l'année, qui avaient échappé à tous les regards. Il semblait que le brouillard eût avivé son sens de la vue et tout de suite il s'empara des deux luisantes petites choses. En même temps, et pour la première fois ce matin-là, il entendit un bruit venant du monde. Une voix forte et grossière criait dans le brouillard: «Seigneur Dieu, aie pitié des belligérants! Oh, oui! aie pitié des belligérants!»

Il s'arrêta et écouta. Ces paroles sortaient distinctement du brouillard, mais il ne voyait personne.

«Seigneur Dieu, aie pitié des belligérants et porte-leur secours. Oh, oui! aie pitié des belligérants, leur sort est si triste! Le sang coule dans les tranchées comme de l'eau. Oui, Seigneur Dieu, pitié pour eux!»

Le pacifique, qui était plongé dans de paisibles et agréables pensées, fit un mouvement d'impatience. Encore cette guerre! Il n'était donc pas possible de l'oublier, ne fût-ce qu'un instant! Dès qu'on voulait fixer son attention sur autre chose, la nature elle-même semblait prendre une voix pour vous rappeler les horreurs déchaînées sur l'humanité. Et de nouveau il entendit crier dans le brouillard: «Le sang coule comme de l'eau dans les tranchées. Dans les champs, les cadavres sont couchés par monceaux, comme des meules de paille. Oh, oui, aie pitié des belligérants!»

C'était évidemment encore la femme insensée qui, priant et chantant, rôdait sans cesse par le pays et qui, maintenant, essayait d'implorer Dieu en faveur des grandes puissances en guerre. Sans doute qu'elle suivait le chemin conduisant à la lisière de la forêt, là-haut, et qui était invisible à cause du brouillard. C'était touchant de l'entendre et pourtant le pacifique ne put s'empêcher de sourire à la pensée que cette pauvre créature voulait arrêter la guerre universelle par ses prières.

« Aie pitié des belligérants, afin qu'ils fassent la paix, continuait la pauvre folle. Le sang coule dans les tranchées comme de l'eau ! »

Il s'arrêta et écouta aussi longtemps qu'il put. Puis il leva les épaules et continua sa promenade.

* * *

Vraiment les temps étaient si durs que chacun pouvait avoir envie de courir par les chemins et les sentiers et de crier l'angoisse qui l'étreignait.

Il soupira à la pensée de cette lutte à laquelle prenait part pour ainsi dire l'humanité entière et qui menaçait toute la terre de destruction. Si au moins on avait affaire à un déluge ou à une éruption de volcan ! Pour autant, le malheur n'en serait pas moins grand ; mais on n'aurait pas la déprimante idée que le cataclysme a été provoqué par des hommes. On n'aurait pas besoin de penser que puisque les créatures saisies de la folie de la guerre étaient des êtres raisonnables, il devait être possible de trouver un mot ou un moyen qui mît fin à la rage universelle. On n'aurait pas besoin de réfléchir avec angoisse et tourment, chaque jour et chaque heure, au moyen de mettre un terme à cette dévastation.

« Que puis-je faire ? se demanda-t-il. Ma parole n'aurait pas plus de poids que celle de la pauvre folle rôdant par là ! Et pourtant... »

Il ne pouvait s'empêcher de croire que quelque chose devait être faite, qu'on ne pouvait pas simplement se croiser les bras devant ce malheur.

* * *

Dans sa promenade il avait atteint le bout du jardin. Comme il se retournait pour s'en revenir, il eut devant lui un tableau souriant et engageant.

De l'endroit où il se trouvait, le sol montait en pente douce jusqu'à sa maison d'habitation. Il vit ainsi étalée devant lui toute sa vieille propriété avec ses maisons rouges et ses arbres habillés des couleurs bigarrées de l'automne. En réalité, ce n'était peut-être rien d'autre que ce qu'il voyait tous les jours, mais le tableau se présentait autrement que d'habitude, parce que le brouillard le faisait ressortir du paysage.

Et comme son domaine se présentait ainsi dégagé de ses environs, il remarqua pour la première fois que la maison rouge, là-haut sur la colline, au-dessus du feuillage vert et jaune, s'associait à merveille avec ses dépendances plus basses, avec les bosquets feuillus et la couronne de jeunes arbres fruitiers qui mettaient une bordure au pied de la colline. Jamais ces diverses parties ne s'étaient unies de façon aussi harmonieuse qu'aujourd'hui, où le brouillard les encadrait en remplissant toutes les lacunes. Rien ne pouvait en être ôté, tout devait être là, tout était à sa place. Ainsi entouré de brouillard et de verdure, son home lui parut plus attrayant que jamais: il rayonnait de sécurité et de bien-être. A le voir ainsi, le pacifique se sentit calme et heureux.

Et tout à coup il lui vint une idée singulière. Il s'imagina être seul avec son vieux domaine. Il se figura sa maison et lui-même vivant leur propre vie tranquille, pendant que le brouillard les entourait de ses murailles et les cachait au monde. Jour après jour, le brouillard serait ainsi leur gardien, si épais et si impénétrable que même le voyageur qui passerait le chemin là-haut à la lisière de la forêt, ne saurait pas qu'ils existaient si près de lui.

Le facteur avec sa sacoche de cuir noir ne pourrait pas trouver le jardin dans le brouillard trompeur. Aucun hôte, aucun étranger ne découvrirait l'entrée de l'allée qui conduit à la maison. Rien de ce qui est le monde ne trouverait le chemin de son domaine et rien de ce qui est son domaine ne parviendrait à l'extérieur. L'hiver suivrait l'automne, et l'été le printemps en lente succession; la neige tomberait et s'en irait; le sol et les arbres se couvriraient de verdure, et la verdure se fânerait et disparaîtrait; la froidure et la chaleur pénétreraient tour à tour chez eux, mais le brouillard épais demeurerait toujours.

Lui et sa maison vivraient comme en un rêve. Une besogne suivrait une autre besogne. La moisson suivrait les semailles, on brasserait et l'on cuirait tour à tour en lente succession. On trairait les vaches, on tondrait les moutons, on filerait et les tissus de toile brillante sortiraient comme par enchantement du métier. Ils seraient forcés de vivre de leur propre travail. Rien ne pourrait être importé et rien ne pourrait être exporté. Les soucis qui les tourmentent resteraient leurs propres soucis. Ils ne pourraient se fier qu'à eux seuls. Ils vivraient comme dans une île au milieu de l'océan du monde, où nul navire ne pourrait aborder. Ce qui plaisait surtout au pacifique, c'était la perspective d'esquiver de cette façon les horreurs de la grande guerre. Il ouvrit les bras et parla au brouillard: « Demeure, brouillard, demeure. Nous sommes à la veille de temps terribles. Fais que j'en sois préservé. De tes murailles blanches, protège-nous, moi et mon domaine. Laisse-moi vivre sur le sol de mes ancêtres sans que je sois obligé de savoir quelles violences sont commises et combien de sang est répandu. Fais que moi et mon peuple nous puissions aller tranquillement à notre travail sans que nous soyons inquiétés par le malheur des hommes qui nous sont étrangers.

« Des oiseaux viendront parfois chez nous, mais nous ne rechercherons pas s'ils portent un message sous leur aile. Le matin, nous entendrons quelquefois la pauvre folle passer en priant à haute voix. Mais nous ne nous inquiéterons pas d'écouter si elle prie encore pour les belligérants.

« Quand un jour tout sera passé, quand les hommes auront cessé de se quereller et de s'anéantir réciproquement, alors tu pourras te dissiper et disparaître. Et nous qui ne saurons rien des horreurs qui se sont accomplies, nous retournerons avec enthousiasme dans le monde et nous jouirons encore de l'éternelle fête de la vie. Nos sens n'auront pas été souillés par des histoires de violence et de sang. Nous retournerons dans le monde avec la croyance que les hommes possèdent encore des sentiments débonnaires et qu'ils estiment encore un paisible progrès. Nous serons comme les pieux dormeurs de sept ans qui furent sauvés de la terreur de leur temps afin qu'ils pussent constater que la paix et le bonheur reviennent toujours sur la terre et que cette terre n'offre pas à ses enfants que la disette et la misère. »

* * *

Le pacifique prononçait ces mots quand il entendit deux bruits très différents. Sifflant comme un serpent, un coup de vent passa dans le brouillard. C'était l'un des bruits. L'autre fut comme un faible écho de la prière de la pauvre rôdeuse. « Aie pitié des belligérants, Seigneur Dieu, qu'ils fassent la paix ! » Il entendit cela comme dans le lointain et il lui sembla que c'était un avertissement, mais il ne laissa pas de continuer sa promenade.

« Laisse-moi me promener dans mon jardin, brouillard, et découvrir de nouvelles petites beautés. Apprends-moi à me pencher sur ce qui est près de moi. Laisse-moi agir à ma guise, laisse-moi m'occuper de choses que je puis accomplir. Préserve-moi de l'idée de vouloir rôder par le pays comme un fou pour essayer d'accomplir ce que je n'ai pas la puissance de faire. »

Il avait à peine dit ces paroles qu'il entendit un nouveau sifflement dans le brouillard. Il lui sembla que c'était comme un : « Ainsi soit-il ! » Naturellement ce n'était qu'une illusion. Cependant, et presque au même instant, un vent frais s'éleva qui déchira le brouillard et en jeta les lambeaux dans tous les sens. Toutes les choses reprirent leur aspect habituel et il sourit aux pensées que le brouillard avait éveillées en lui et qui jamais ne pourraient se réaliser.

Mais il est dangereux d'exprimer des souhaits comme les siens. Les puissances de la nature se font un malin plaisir de répondre à nos vœux les plus extravagants.

Dès ce jour le pacifique constata que les nouvelles de la guerre, bien qu'elles devinssent toujours plus affreuses, ne tourmentaient plus son cœur comme autrefois. Tout ce qui arrivait lui semblait étranger et lointain, comme si cela ne le regardait pas. Il vaquait à sa besogne journalière sans être inquiété par la certitude que le monde était près de sa fin.

L'homme, qui ne comprenait pas que cela provenait de ce que le brouillard avait entendu sa prière et s'était déposé sur son âme, s'imaginait être devenu plus sage et plus impartial.

Il se louait de son intelligence et de sa prévoyance. Toute envie de trouver un moyen d'arrêter le déluge déversé sur le monde s'évanouit dans le brouillard qui entourait sa raison sans qu'il s'en doutât. Toute envie d'agir tomba à l'eau, mais il avait les sens si rassis qu'il s'estimait heureux de posséder la sagesse de rester tranquille et de ne point user ses forces dans un effort sans espoir. Il voyait que d'autres hommes, qui n'avaient pas plus de droits que lui, s'avançaient et prenaient la parole ; mais il ne pouvait se persuader qu'ils eussent gagné quelque chose à parler. Il comparait ces gens à la femme qu'il avait entendu implorer

Dieu dans le brouillard du matin d'automne. Il pensait que leurs âmes étaient brouillées puisqu'ils avaient entrepris quelque chose qu'ils n'avaient ni les moyens, ni le droit d'accomplir.

Mais dans le profond de son cœur, il suivait pourtant leur action avec une brûlante inquiétude.

* * *

Dans les belles nuits, quand les étoiles sont claires, le brouillard n'a plus de pouvoir sur l'âme du pacifique. Alors il pense avec désespoir à l'heure où il devra quitter cette terre et paraître devant son juge. Il sait qu'à cette heure-là la femme qui passait en criant sur le chemin sera, avec lui, debout devant le trône de Dieu. Et Dieu lui parlera, à lui, d'une voix sévère : « De ton vivant, je fis passer une tempête sur la terre. Comment la pensée a-t-elle pu entrer dans ton cœur de te cacher devant l'orage ? » Alors l'homme se défendra et dira : « Ce que, selon ton désir, j'aurais dû faire, était surhumain. Je suis resté tranquille parce que je ne voyais point d'issue à la situation. D'ailleurs, ce n'était pas mon affaire, à moi, de calmer ta tempête. En m'en mêlant, je craignais de faire plus de mal que de bien. »

Alors le juge suprême dira : « Je sais que je ne t'avais pas donné assez de raison pour calmer la tempête. Mais je t'avais donné assez de force pour faire preuve de pitié et exercer la charité. »

Alors le pacifique montrera la femme debout devant le trône de Dieu, tout près de lui : « Cette femme-là a parlé et parlé sans relâche, dira-t-il, et à quoi cela a-t-il servi ? »

« Certes, elle ne pouvait pas attendrir le cœur des grands de la terre par ses cris, répondra celui qui juge le ciel et la terre. Mais mes bras s'ouvrent à elle, et mes bras lui ouvrent le chemin de ma gloire. »

Alors le pacifique saura qu'il n'y a plus de salut pour lui, et dans son désespoir, il tombera devant le trône de Dieu, il tombera et s'enfoncera profondément, toujours plus profondément, jusque dans les espaces où tout est froidure et ténèbres et silence, où tout est de pierre et de brouillard.

(Traduit du suédois par A. Schenk.)

Publications de la Conférence des Neutres

envoyées gratuitement sur demande
adressée à Berne, La Haye ou Stockholm.

○ ○ ○

1. Continnous Mediation by *J. G. Wales.*

5a. Appel aux Gouvernements et Parlements des Pays neutres.

5c. Appel aux Gouvernements, aux Parlements et aux peuples des Pays belligérants.

7. A Voici from Germany *(Maximilian Harden).*

8a. The Neutral Conference for Continnous Mediation, by *Louis P. Lochner.*

11a. President Wilson and the Peace of Europe.

11b. Präsident Wilson und der europäische Friede.

13. The United States of the World, by *Haakon Löken.*

14. Appel à la Paix, par *Georges Brandes* et *Otto Borngraeber* (français et allemand).

17. En Rundfraoga om villkoven för en varaktig fred (Opinions de 400 personnes en Danemark, Norvège et Suède).

www.ingramcontent.com/pod-product-compliance
Ingram Content Group UK Ltd.
Pitfield, Milton Keynes, MK11 3LW, UK
UKHW031935260826
14628UKWH00004B/1639

9 782011 945037